A

A型人間の頭の中

12星座別血液型性格診断書

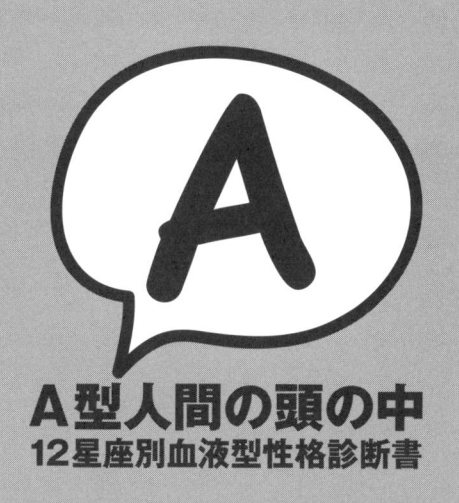

まえがき

「自分はＡ型、知り合いもＡ型が多い」…そんなケースが多いと思いますが、どんな共通点があると思いますか？

「几帳面」「決まり事を守る」「辛抱強い」…とってもまじめなイメージがありますよね。

でも、裏返してみれば「融通がきかない」「個性がない」「冒険心がない」なんて言われることもありませんか。

Ａ型人間は、堅実な実務派タイプ。気配りが上手なＡ型のあなた、そして、「Ａ型の人ってまじめすぎ」ってちょっとだけ思っている他の血液型のあなた、ちょっとＡ型の頭の中をのぞいてみませんか？

A型人間の頭の中
12星座別血液型性格診断書

目 次

＜A型人間の頭の中＞

この本の使い方

この本では、A型を星座別に分けて、それぞれの行動パターンを80個並べてみました。同じA型ですから、違う星座でも必ず共通点があります。他の星座も見比べてみて、どの部分が共通しているか確かめるのもいいでしょう。

「わかるわかる」と思えることもあったり、「えっ、そうだったの!?」と新しい発見があったり…自分に当てはまっているか、または自分の近くにいるA型人間に当てはまっているか見てみましょう。

同じA型でも、星座によってはビミョーに性格が違っている場合もあるのでチェックしてみてください。

また、それぞれのA型×星座に多い職業や有名人も紹介しています。そして他の血液型×星座の相性もチェックしましょう。

きっと、自分も知らなかった、そしてちょっと意外なA型の本当の姿が見えてくるはずですよ。

A型人間の頭の中

12星座別血液型性格診断書

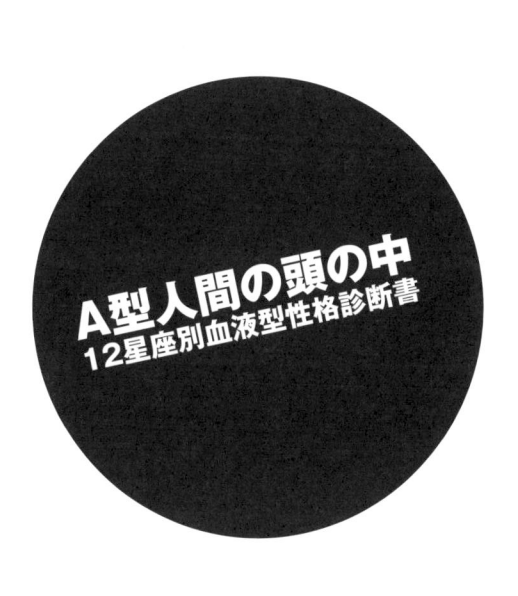

A型×おひつじ座(3/21～4/19生まれ)

・**礼儀にはうるさい**

・見た目が地味

↓

でも、情熱的

・「ダメもと」という言葉は、自分の辞書にはない

・**理想のタイプが決まっている**

↓

でも、実際に好きになるのは正反対のタイプ

・**自分の第一印象は**
「まじめな人」だとよく言われる

・大好きなアーティストの
シングルは全バージョン買う

↓

要するに、好きなものに対して金銭感覚がマヒする

・目上の人間は立てる

↓

でも、闘争心は燃やす

・ずうずうしいのは嫌い

・欲しいものを買うために
計画を立てるのが好き

↓

そして、1日いくら貯めれば
いいかを本気で考える

・成功するためにはどんな困難も平気

↓

でも、できれば失敗したくない

・職場で波風立てるのはイヤ

・メールや電話はマメにするほう

↓

でも、面と向かうと思ったことを素直に言えない

↓

そんなときは表情や雰囲気で察して欲しい

・**浪費グセがある**

↓

でも、欲しいものがあるとすぐ治る

・結婚相手の親とは
同居したくない（してない）

・**結婚しても、ときめきは忘れたくない**

↓

だから、相手にはいつも
愛をささやいて欲しい

・交際範囲は狭いほう

・人の世話を焼くのは好き

↓

でも、「ありがとう」の
ひと言がないとキレる

↓

ときには殴ることもある

・**目立つのは嫌い**

↓

でも、じつは注目されたい

・素朴で優しい人に惹かれる

・恋人とはよく喧嘩する

・ライバルに負けると、悔しくて眠れない

↓

一晩寝ても、変わらない

・幼稚園の頃、先生に恋をした

↓

毎日、職員室に会いに行った

・恋をするときは、いつも一目惚れ

↓

そして、一直線

・自分は要領が悪いと思う

・じつはパソコンの家計簿ソフトを持っている

↓

でも、あまり活用しない

・競争の激しい職場だと燃える

↓

そのため、成績もいい

・自分はいつか
認められると思う

↓

だから、努力は怠らない

・自分の意見をきちんと持っている異性が好き

↓

でも、従うつもりはない

・なかなか後輩が育たない

↓

教えていて、泣かれたこともある

↓

もしかしたら、ひどく叱ったのが原因だろうか

・貯金で高価なものを買ったことがある

↓

そのために、一日一食で過ごした

・浮気するほどモテたことはない

・少人数でドライブに行く約束を、
友達としたことがある

↓

寝坊して遅刻した友達とは絶交した

↓

買い出しを忘れた友達とも絶交した

・好きな相手に対しては惜しみなくお金を使う

・恋愛＝結婚だと思っている

・ヤンキー口調でしゃべった恋人を振ったことがある

↓

歩きタバコをした恋人も振った

・「明日までにこれ仕上げて」と言われたら、
何がなんでもやり遂げる

↓

そのためにデートが
キャンセルになっても仕方ない

↓

そんなことが数回重なった

↓

そしたら突然出世した

・**老人に好かれる**

↓

でも、子供は怖がる

・いつもはソフト

↓

でも、時々わがままになる

・**恋人の愛情表現には敏感**

↓

浮気にも敏感

↓

でも、ヤキモチを焼くなんて、
プライドが許さない

↓

そのため、イライラすることが多い

・駆け落ちしそうになったことがある

・ファーストフード店ではなかなか
メニューが決まらない

↓

でも、店員に「○○はいかがですか？」
と言われても拒否する

・お世辞を言うのは嫌い

・周囲の目が気になって、
告白できなかったことが多い

・合格率の低い大学に受かった

↓

しかも、母校始まって以来の奇跡だった

・仕事には全力を尽くす

↓

そのため、ハードな仕事がよく回ってくる

↓

でも、必ずやり遂げる

A型×おひつじ座の攻略法 **3か条**

・約束を守る
・自分の意見はきちんと言う
・察しをよくする

A型おひつじ座の有名人

舘ひろし
俳優　1950.3.31

さだまさし
歌手　1952.4.10

高田延彦
元格闘家　1962.4.12

水野真紀
女優　1970.3.28

徳井義実（チュートリアル）
お笑い芸人　1975.4.16

竹内結子
女優　1980.4.1

眞鍋かをり
タレント　1981.3.31

滝沢秀明（タッキー＆翼）
歌手　1982.3.29

hiro
歌手　1984.4.7

里田まい
タレント　1984.3.29

山下智久(NEWS)
歌手　1985.4.9

沢尻エリカ
女優　1986.4.8

A型おひつじ座の適職

編集者など、趣味を生かせ、
統率力を発揮できるもの

A型×おうし座 (4/20～5/20生まれ)

・よく友達にだまされる

↓

でも、笑ってすませる

・知らない人によく道を聞かれる

・コンビニで新発売のお菓子を見ても、
すぐには買わない

↓

買うとしたら、友達のコメントを聞いてから

・初対面の人と話すのは苦手

・異性から「かわいい」とよく言われる

↓

でも、信用しない

・欲しいものがあったら、倹約して買う

↓

そのために交際費を惜しむことが多い

・仕事のペースは遅い

↓

でも、ものすごく確実にこなす

・社内では「いい人」と評判が立っている（らしい）

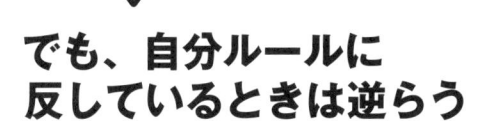

・何でも素直に従うほう

↓

でも、自分ルールに
反しているときは逆らう

・海外旅行は苦手

・外国人と話すことを
考えただけで縮み上がる

↓

でも、外国人に好かれる

・世話を焼くのが好き

↓

とことん、お世話したい

↓

そのため、「ウザイ」と
言われたことがある

・子供がよく寄って来る

・**無駄遣いは嫌い**

↓

でも、意義があると思ったら使う

↓

一種の自己投資だと思う

・子供の頃は不安定な生活だった

・たとえ流行でも、
奇抜なファッションは嫌い

・最先端のファッションも嫌い

・世間体が気になる

・時々、すごいラッキーチャンスが
やってくる

・仕事の手柄を同僚に譲ったことがある
↓
その友達は先に出世した

・ケチに徹しても、お金が貯まらない
↓
でも、競馬で結構儲けた

・責任の重い仕事をよく任される

・理系タイプに弱い
↓
しっかり者だとなおいい
↓
まじめな人だとベスト

・トイレ以外で用を足したことは、
これまでの人生の中で一度もない

・喫煙場所以外でタバコを吸ったこともない

・女性は子育てしていても
仕事するべきだと思う

・**美しいものが好き**

・異性からのアプローチが多かった

↓

でも、かなり拒絶した

・**たまに大胆になる**

↓

そのため、周りから
「大丈夫？」と心配された

・未来志向で前向きな友達がいる

・型にはまらない友達もいる

↓

そういう友達が幸運を持ってきて
くれることが多い

・恋愛経験は少ない

・親に堂々と紹介できる人としか付き合わない

・さんざん悩むほうだ

↓

でも、一度決めたら絶対に変えない

・取り巻きが多い

・信じていた人に裏切られたことがある

↓

10年経っても許せない

・恋人から浮気を匂わされたことがある

↓

5年経っても許せない

・スロースターだ

・好きな相手に話しかける
タイミングがわからない

↓

そのため、恋のチャンスもよく逃がす

・人の話に耳を貸さない

・マナーがなってない人間は軽蔑する

・理屈をこねられるとキレる

↓

せかされてもキレる

↓

騒がしいとさらにキレる

・近所付き合いはそつなくこなす

・**人のプライバシーに興味はない**

↓

その代わり、自分も干渉されたくない

・自分は見合い結婚すると思う（した）

・イギリスに行ったことがある（行ってみたい）

・**恋人の帰りを待って、朝になったことがある**

↓

でも、気にしない

・恋人に愛をささやくなんて、とんでもない

↓

言葉の代わりに、プレゼントをする

↓

それも、手作りが多い

・会社の規則は　すべて知っている

・仕事では着実にキャリアを積んだ

・かけっこは遅かった

・食べるのも遅い

・多数決で最後の一人になったことがある

↓

でも、意見は変えない

3か条

A型×おうし座の攻略法

・流行を追わない
・マナーを守る
・決してせかさない

A型 おうし座の有名人

萩本欽一
タレント　1941.5.7

美川憲一
歌手　1946.5.15

寺尾聰
俳優　1947.5.18

加藤雅也
俳優　1963.4.27

浜田雅功（ダウンタウン）
お笑いタレント　1963.5.11

阿部サダヲ
俳優　1970.4.23

品川祐（品川庄司）
お笑いタレント　1972.4.26

常盤貴子
女優　1972.4.30

井ノ原快彦（V6）
歌手　1976.5.17

井坂俊哉
俳優　1979.5.10

藤原竜也
俳優　1982.5.15

中川翔子
タレント　1985.5.5

A型 おうし座の適職

企業の人事など、人柄の良さが生かせ、着実に実績を上げられるもの

A型×ふたご座 (5/21 ~ 6/21 生まれ)

・**「まじめだね」とよく言われる**

・学生の頃は、優等生でとおっていた

・**欲しいものリストを作るのが好き**

↓

貯金して、リストに載っているものをすべて手に入れた

・「ほどほど」という言葉が好き

・**人の話の要点をとらえるのがうまい**

・**好きなアーティストの音楽を聴いて、よく泣いている**

・悩み相談を聞いていて、泣いたことがある

・**すぐに恋に落ちる**

↓

でも、心の中は冷静

↓

でも、つねに恋を求めている

・軽い恋なら最高

・結婚は遅いと思う（遅かった）

・説教くさい人はダサいと思う

・生きがいを持っている

・テストで１位になったことがある

↓

周りが「えっ、あの人が!?」と
驚いていた

・料理をしていて髪の毛が入ってしまったら、
全部作り直す

・ゴキブリが走っていった場所にはなるべく近づかない

・趣味をサイドビジネスにしている

・文章を書くのは得意

↓

特に、論文が得意

↓

そのため、「研究者になればよかったのに」と言われた

・人からウケるにはどうしたらいいか、真剣に考えている

↓

そのため、自分の気持ちは二の次になる

・長すぎる春を経験したことがある

・自分でも多才だと思う

・約束を結構破ってしまう

↓

でも、気にしない

・いったん愛したら、まじめに想い続ける

↓

でも、相手がコロコロ変わる

・ただの友達が恋人になったことがある

・精神年齢の高い友達が多い

・結婚してからものびのびしていたい（している）

・モテる

↓

でも、合格レベルの恋人以外は要らない

↓

しかも、そのレベルは結構自分勝手

・幸せでも平凡な人生はイヤだ

・暗い話を聞くとすぐテンションが下がる

・欠点を指摘されると落ち込む

↓

泣くこともある

・友達のフォローは苦手

・クイズに挑戦して賞金を
稼いだことがある

↓

『ナンバーズ』でも結構稼いだ

↓

でも、友達と飲みに行って
使い果たしてしまった

↓

おごるんじゃなかった…

・誰かと一緒にいても、ずっと考え事をしている

・**人の心の動きには敏感**

・**「いい人」と言われていたい**

・上司から気に入られている

↓

出世も早かった

・一方的に絶交して、友達と音信不通に
なったことがある

・合コンの幹事をすると
張り切り過ぎて次の日寝込む

・じつは株をやっている

↓

売り時・買い時を見極めるのが得意

↓

結構儲かった

・**友達の何でもないひと言に**
傷ついたことがある

↓

しかも泣いた

・殴り合いの喧嘩をしても、
相手が戦意を失ったらやめる

・コーヒーに入れる砂糖は二杯まで

・**好奇心が強い人に惹かれる**

↓

その上、フットワークが軽いと最高

・**バーゲンは大好き**

・**タイムセールも好き**

・懸賞は、豪華商品しか狙わない

・新聞は投書欄から読む

↓

次に番組欄を読む

↓

三面記事は一番最後に読む

・思いつめた顔で告白されて、逃げたことがある

・討論すると燃える

↓

でも、言葉は選ぶ

・夫が働き、妻が家庭を守らなくてもいいと思う

・幼い頃、「神童」と呼ばれた

・ジョークはあまり言わない

↓

でも、言うとウケる

↓

じつはひそかに100回くらい練っていた

・軽い会話が好き

・ノリノリでチケットを取ったのに
コンサートに行かなかったことがある

・割り勘が好き

・人付き合いは適当にこなす

・恋人にウソをついたことがある

↓

でも、気にしない

A型×ふたご座の攻略法 **3か条**

・欠点を指摘しない
・約束ごとは念押しする
・ポジティブな話題を心がける

A型ふたご座の有名人

唐沢寿明
俳優　1963.6.3

KABA.ちゃん
タレント　1969.6.19

嶋重宣（広島カープ）
プロ野球選手　1976.6.16

伊東美咲
女優　1977.5.26

松たかこ
女優　1977.6.10

田中麗奈
女優　1980.5.22

大久保嘉人（ヴィッセル神戸）
サッカー選手　1982.6.9

二宮和也（嵐）
歌手　1983.6.17

若槻千夏
タレント　1984.5.28

上野樹里
女優　1986.5.25

長澤まさみ
女優　1987.6.3

新垣結衣
女優　1988.6.11

A型ふたご座の適職

ルポライターなど、知的好奇心を満たし、文章力を生かせるもの

A型×かに座 (6/22～7/22生まれ)

・**子供が好き**

↓

子供の世話をするのはもっと好き

・着物が好き

・夏は浴衣で過ごす

・クリスマスよりお正月のほうが好き

・こたつは必需品

・好きになると、相手一筋

↓

毎日好きな人のことで頭がいっぱいになる

↓

仕事中も頭を離れない

↓

そのため、よくミスをする

・人に甘えられるとうれしくなる

・自分が甘えるのも好き

・**人のプライバシーによく立ち入る**

↓

そのため、時々「ウザイ」と言われる

↓

でも、気にしない

・**頼られたら、とことん面倒を見る**

・軽い会話は苦手

・初恋の人と再会して付き合ったことがある

↓

結婚の約束もした

↓

でも、自然消滅した

・ストレス解消の一番の方法はショッピング

・大きな組織の中にいると安心

↓

愛社精神も旺盛

・恋人には自分だけを見つめて欲しい

↓

他の異性と一緒にいて欲しくない

↓

親しげに口をきくなんて論外

・出張したら、部内の一人一人におみやげを買う

・旅行に行った人が、

おみやげをくれるのは当然だと思う

・社内報の制作をよく任される

↓

ちなみに担当はレイアウトづくりだ

↓

レタリングも担当する

・写真を元にしたCGを作るのが得意

・エネルギッシュな人間と
付き合ったことがある

↓

付いて行けなくて疲れた

・玄関のドアは三重ロックにしてある

・イライラしているときは浪費する

↓

でも、お金を使った後はスッキリ

・親切にしたお礼をされると、
天にも昇ったような気分になる

・これまでの人生、お金に困ったことはなかった

・恋愛経験は少ない

・物事には熱心に取り組む

↓

でも、すぐに飽きて止めることが多い

・困っている友達に、
全財産をあげたことがある

・いったんできた恋人は、
何がなんでも手放したくない

↓

でも、その割にはよく失恋する

・聞き上手な友達が多い

・昔から、友達や先輩が恋を応援してくれた

・気に入らない人間はめちゃくちゃなじる

↓

陰で悪い噂も流しちゃう

・１日いくら、と金額を決めて貯金する

・財テクも大好き

・近所付き合いが好き

↓

特に、近所の噂話を聞くとワクワクする

↓

ご近所さんの悪口大会に
参加することもある

・恋人の浮気チェックは欠かさない

・個性の強い人間と付き合ったことがある

↓

すっかり影響されてしまった

↓

そのうち疲れて絶交した

・**好きになるまでに時間がかかる**

↓

だから、恋人いない歴が長い

・情にほだされることが多い

・模型を作るのが得意

↓

ガンプラも何体か作った

↓

塗装も完璧に仕上げた

↓

足りない部品は作ってしまった

・「悪口を言われてるよ」と聞いただけで
落ち込んでしまう

↓

食事も喉を通らない

↓

一時期、テンションが低くなり、
ひきこもりになった

・**かわいそうな話を聞くと、**
もらい泣きする

・自分はリーダーではなく、
副リーダータイプだと思う

・**心を許せる友達が少ない**

↓

でも、友達には何でもやってあげたいと思う

・失恋したら、眠れなくなる

↓

飲まず食わずにもなる

↓

そして、体調を崩す

・情報誌を読んで、財産を
増やす工夫をしている

↓

でも、衝動買いが多い

↓

だから、なかなか貯まらない

・ワッフルより今川焼のほうが好き

・パスタよりラーメンのほうが好き

・恋人からすぐにメールの返事が
来なかったら不安になる

↓

それで、家まで押しかけることもある

A型×かに座の攻略法 **3か条**

・甘えたり甘えさせたりする
・気楽な雰囲気を作る
・マメに連絡を入れる

A型かに座の有名人

久米宏
フリーアナウンサー　1944.7.14

研ナオコ
歌手　1953.7.7

大竹しのぶ
女優　1957.7.17

久本雅美
タレント　1958.7.9

原辰徳
（読売ジャイアンツ）
プロ野球監督　1958.7.22

阿部寛
俳優　1964.6.22

藤原紀香
女優　1971.6.28

藤木直人
俳優　1972.7.19

草彅剛（SMAP）
歌手　1974.7.9

小林麻央
キャスター　1982.7.21

加藤ローサ
女優　1985.6.22

Gackt
歌手　7.4

A型かに座の適職

企業の広報など、組織の中で器用さ、マメさを発揮できるもの

A型×しし座（7/23～8/22生まれ）

·いつも空気を読むのに必死

·コンビニに新製品のお弁当があっても、
すぐには買わない

↓

そもそも、コンビニでお弁当をめったに買わない

·「おとなしいね」と初対面の人によく言われる

·レストランで友達におすそ分け
してもらったら、同じ量を返す

·名前を言い間違えられたら怒る

·仕事で人の足を引っ張ったら、
周りのレベルに追いつくよう特訓する

・打たれ強いタイプだと思う

・「すごいね」と言ってくれた人には
何でもやってあげる

・毎月いくら、と決めて貯金している

↓

そのために交際費もケチっている

↓

友達から嫌味を言われた

↓

でも、気にしない

・自分を信じる人には全力で応える

・恋愛経験は多いほう

↓

でも、二股はかけたことがない

↓

三股なんて、人間のやることじゃない

・型破りな人に憧れる

・「好き」とか「愛してる」という言葉は、
恥ずかしくてなかなか言えない

・笑い声の大きい友達が多い

・受験勉強は、時間を決めてキッチリやっていた

↓

キリが悪いと食事もしなかった

・ショップでは、目当てのもの以外絶対に買わない

・「ダメもと」という言葉は理解できない

・「そんなこともできないの」と、
バカにされたら激怒する

↓

そして、物に当たる

↓

終わったらスッキリ

・本音をぶつけられる友達は少ない

・いつもホワンとしている

↓

でも、怒ったら形相が変わって怖い

・結婚したら、マイホーム型になると思う（なった）

・**生活が安定すると太る**

・「君ならできる」と言われて
任された仕事は、完璧にやり遂げる

↓

徹夜したって構わない

↓

でも、ほめてもらえなかったらショック

・お小遣い帳や家計簿をつけるのが日課

・先物買いには興味がない

· **恋人の第一条件は**
「まじめな人」

↓

実際、お堅いタイプと付き合ったことがある

↓

何の進展もなくて自然消滅した

· 職場ではいつもリーダーに推薦される

↓

そうすると、いきいきしてくる

· 後輩の失敗の責任をかぶったことがある

· **おだてに弱い**

↓

でも、見えすいた
お世辞は嫌い

· 遠回しにお世辞を言われても
わからないことが多い

・これまでの人生、荒波にもまれたことがあった

↓

そのときは「自分が世界で
一番不幸だ」と思っていた

↓

でも、詳しいことは忘れた

・結婚資金を貯めている（貯めた）

・雑誌の全員プレゼントによく応募する

・他の人と比べてほめられると、最高にうれしい

・**頼ってくる人間の期待には、
必ず応える**

・「積み立て」という言葉が好き

・好きになった相手には、よくプレゼントをする

・「性格が合わない」という理由で別れることが多い

・異性には気軽に「好き」と言う

↓

でも、本命以外に限る

・あまり親しくない友達の結婚式には出席しない

↓

どうしても出席することになったら、
ご祝儀を減らす

**・「出る杭は打たれる」は
自分のことだと思う**

・周りがお年寄りばかりの俳句教室で、
友達がたくさんできた

・上司の名前を言い間違えて、1日中へこんだ

・クライアントの名前を言い間違えて、
立ち直れなくなった

・出しゃばるのは嫌い

・「そのうち何とかなるさ」という人間は、
信用できない

・突然合コンに呼ばれたら断る

・交際しても、キスまで半年かかる
↓
ベッドインは１年後

・小さい頃は、手当たり次第異性に声をかけていた

・**「自分ルール」が多い**
↓
ルールを守らない人間は、親でも許さない

・浪費家の恋人と別れたことがある

・自分を卑下することが多い
↓
でも、それに同意されたらムッとする

・電話の勧誘には冷たい態度を取る

・結婚したら、休日は家族と過ごしたい（過ごしている）

・学生の頃、アルバイトに励んだ

・アルバイトの職歴はいろいろ

・**「いつかでっかいことをしてみたい」と思っている**

↓

でも、失敗したくない

・ここまでの地位は、自力で築いた

A型×しし座の攻略法 **3か条**

・いいところは徹底的にほめる
・とにかく頼りにする
・常に立てるようにする

A型 しし座の有名人

みのもんた
タレント　1944.8.22

関根勤
タレント　1953.8.21

寛利夫
俳優　1962.8.10

諸星和己
歌手　1970.8.12

中居正広（SMAP）
歌手　1972.8.18

畑山隆則
元プロボクサー　1975.7.28

川口能活（ジュビロ磐田）
サッカー選手　1975.8.15

徳重聡
俳優　1978.7.28

矢井田瞳
歌手　1978.7.28

安倍なつみ
歌手　1981.8.10

蒼井優
女優　1985.8.17

ダルビッシュ有（日本ハム）
プロ野球選手　1986.8.16

A型 しし座の適職

会社経営など、人の上に立ち、

努力の結果が表われるもの

A型×おとめ座（8/23～9/22生まれ）

・机の位置が１センチでも
動いていたら、落ち着かない

・つい、自分の気持ちを抑えてしまう

↓

でも、ストレスはたまらない

・無駄遣いをしなければ、お金は貯まると思う

・人付き合いは良いと思う

・仕事は一つ一つきちんとこなす

↓

ほとんどミスがない

↓

しかも、早い

・コピーを取ったとき、少しでも
汚れがあると、最初から取り直す

・いったん愛したら、最後まで
愛し続ける自信がある

**・いつもの物がいつもの
場所にないと、気が済まない**

・給料日前でも預金はたっぷりある

↓

でも、突然変なものを買ってしまう

・初対面の人とはうまくしゃべれない

・きれいに花が咲いているのを見ると、感動する

↓

でも、そんなこと誰にも言わない

・片付けは得意

・節約も得意

・これまでの人生、平凡ながら安定していた

↓

たまにとんでもないトラブルに遭った

↓

どうしていいかわからず、
オロオロしていただけだった

・デートの日、恋人が寝グセをつけてきたため、
帰ったことがある

・隣の部屋の物音が気になる

↓

外の騒音も気になる

・自分の部屋なのに、なぜかいつも落ち着かない

・休日は決まった場所に遊びに行く

↓

コースも決まっている

↓

ランチも決まっている

・**自分の心に嘘はつけないと思う**

・貯金をするためなら、欲しいものも我慢できる

↓

でも、ストレスがすごい

・恋人と喧嘩しても、取り乱すことはない

・割り勘するときは、１円単位まできっちりする

・楽天的なタイプとは気が合わない

↓

でも、社交的なタイプの友達は合う

・**忘れられない失恋をした**

↓

「二度と恋なんてしない」と誓った

・会議ではあまり発表しない

↓

順番が回ってきたら、初めてコメントする

・人に自慢できる得意分野がある

・恋人が歯にネギをつけているのを見て、
嫌いになったことがある

・**他人に秘密にしている夢がある**

・合コンをするのはいつも同じメンバー

↓

たまに知らない人が来ると緊張する

↓

そんな自分を必ずフォローしてくれる友達がいる

・「少女漫画の主人公みたい」と言われたことがある

・**恋には慎重**

↓

でも、悪い人間に
だまされたこともある

・久し振りに会った友達の体重が
何キロ変わったかすぐにわかる

↓

でも、口には出さない

・突然、異性から「かわいい」と
言われることがある

↓

ついでに抱きしめられた

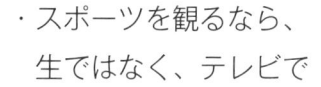

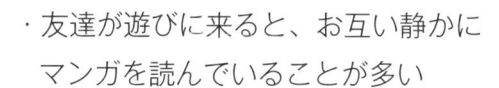

・スポーツを観るなら、
生ではなく、テレビで

・友達が遊びに来ると、お互い静かに
マンガを読んでいることが多い

・資格を持っている

↓

いつかその資格を生かして成功したいと思っている

・頭の中に、現金出納帳がある

・ディープな恋愛に興味がある

↓

でも、体験するのは怖い

・夢と現実は別だと割り切っている

・10歳以上年齢差のある異性と
恋に落ちたことがある

・留学生に恋したこともある

・早朝、ウォーキングをしている

↓

でも、深夜まで起きていることも多い

・会社の女子社員のまつげがマスカラで
くっついていたら、すぐに気づく

・「上品だね」とよく言われる

・大きなプリント柄の服は嫌い

・原色の服も嫌い

・待ち合わせに５分遅刻した友達とは絶交した

・**気配り上手な異性に弱い**

・街に遊びに行くとき、いまだに
親から「変な人に気をつけてね」と言われる

・欠点を指摘されると激しく傷つく
↓
立ち直れなくなることも多い

・暇なときはたいてい、
本を読んでいる

・よく、「どうすればお金が貯まるの？」と聞かれる
↓
でも、自分でもよくわからない

・夢の王国は自分の心の中にあると思う

・恋愛と結婚は同じものだと思う（思っていた）

・他人に気を遣われると疲れる

↓

でも、気を遣われなさすぎるのもイヤ

・「運命の人」はいると思う

↓

その相手との出会いを
待ち続けている

A型×おとめ座の攻略法 **3か条**

・清潔第一を心がける
・時間は厳守
・静かなムードで

A型おとめ座の有名人

小田和正
歌手　1947.9.20

長渕剛
歌手　1956.9.7

仲村トオル
俳優　1965.9.5

中島知子（オセロ）
お笑いタレント　1971.8.26

今岡誠（阪神タイガース）
プロ野球選手　1974.9.11

氷川きよし
演歌歌手　1977.9.6

酒井若菜
女優　1980.9.9

安達祐実
女優　1981.9.14

石垣佑磨
俳優　1982.8.28

成宮寛貴
俳優　1982.9.14

松本潤（嵐）
歌手　1983.8.30

松田翔太
俳優 1985.9.10

A型おとめ座の適職

エンジニアなど、正確さと
専門技術が求められるもの

A型×てんびん座(9/23～10/23生まれ)

- **「上品な方ですね」とよく言われる**

- 人と競争するのは苦手

- **親のしつけは厳しかった**

- トイレットペーパーや洗剤は、
  1円でも安く買う
  ↓
  でも、店員に勧められると、
  いらないものまで買ってしまう
  ↓
  結構高額でも買う

- **ショップスタッフの「お似合いですよ」という言葉に弱い**

・どうせ食事をするなら、
三ツ星レストランがいい

・年齢より上に見られることが多い

↓

中学生の頃、成人と間違われたこともある

・**同僚が 1500 円の定食を頼んだら、
自分も同じ物を頼む**

・**ルックスのいい異性が好き**

↓

そんな異性から誘われたら、絶対に断らない

↓

それで後悔したことが何度もある

・「バロック音楽って何？」と言った
恋人と別れたことがある

・会社では営業をしている

・南国の鳥のようなファッションをして
デートに来た恋人を、振ったことがある

・ロールプレイングゲームをよくやる

↓

途中で飽きる

↓

でも、思い直してまた始める

・箸が正しく持てない人とは付き合えない

・新人から「素敵な人」と言われているらしい

・仲のいい友達との待ち合わせには、よく遅刻する

・**恋人の欠点にはすぐ気づく**

↓

でも、別れられない

・すぐにどつく友達がいた

↓

何回どつかれても怒らなかった

・キャンプで「好きな相手の告白大会」をやったとき、最後まで言わなかった

・友達の数は少ないほう

・恋人と食事した後、料理についてあれこれコメントすることが多い

↓

そのため、あまり誘ってくれなくなった

・喉の奥を見せて笑う人は嫌い

・子供の頃、えんぴつはすべて同じ長さに揃えていた

・通勤着には気を配る

・公共料金の支払日は、いつも過ぎてしまう

↓

でも、仕方ない

・成績を上げるために、サービス残業
しようとは思わない

・休日出勤なんて、考えたこともない

・タイムセールは嫌い

・バーゲンも好きじゃない

・なぜだかわからないうちに、
所持金がゼロになったことがある

↓

預金残高もマイナスになった

↓

後で財布を見たら、覚えのないレシートが
たくさん出てきた

・芸術的なものが好き

- **出勤時刻まで寝ていたことがある**

↓

でも、直らない

- レストランでテーブルに汚れがあると、
店から出てしまう

- 出会って間もない頃は、敬語で話す

↓

好きな相手でもそうする

↓

よそよそしいという理由で、
相手が去ってしまうことも多い

- クライアントによく気に入られる

- コンサートは、ポップスより
クラシックのほうが好き

- オペラにもよく行く

・**かなりモテる**

↓

でも、遊びの恋はしない

・友達が言い争っていたら、そっと席を外す

・社内の派閥にはノータッチ

・同僚と休日遊びに行くことはない

↓

でも、ランチは同僚と一緒に行く

・恋人と食事中、ゲップを
してしまったことがある

↓

そんな自分が許せなくて、帰ってしまった

・たとえ家族でも、部屋に入ってきて欲しくない

・昔、日記を親に読まれて
家出したことがある

・本命の恋人ができたら、一筋に愛し抜く

↓

そんな理想の恋人とは、まだ出会ってない

↓

もしかしたら、永遠に
出会わないかもしれない

・改造車は嫌い

↓

改造バイクも許せない

・辛口のアドバイスをする友達がいる

・異性から、ジーッと見られることが多い

・先輩や上司からウケがいい

↓

同僚からも好かれている

↓

後輩からも慕われている

・内装の古いラーメン屋には入らない

・店名がよくわからない店にも入らない

・与えられた仕事はそつなくこなす

↓

でも、終わったらさっさとお茶を飲みに行く

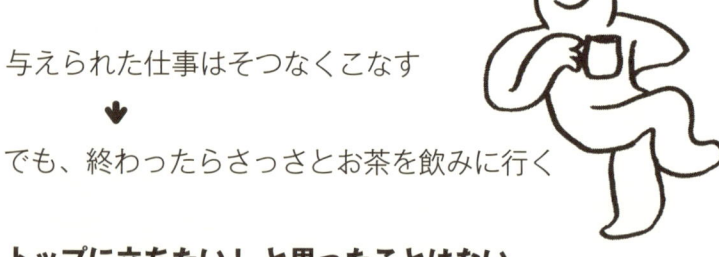

・**トップに立ちたい！ と思ったことはない**

A型×てんびん座の攻略法 **3か条**

・争わない
・服の配色に気を遣う
・マナーやルールには気をつける

A型 てんびん座の 有名人

郷ひろみ
1955.10.18　歌手

渡辺謙
俳優　1959.10.21

石橋貴明（とんねるず）
お笑いタレント　1961.10.22

風見しんご
タレント　1962.10.10

山口智子
女優　1964.10.20

東山紀之
歌手・俳優　1966.9.30

なだぎ武（ザ・プラン９）
お笑い芸人　1970.10.9

松嶋菜々子
女優　1973.10.13

室伏広治
陸上選手　1974.10.8

浜崎あゆみ
歌手　1978.10.2

生田斗真
俳優　1984.10.7

栗山千明
女優　1984.10.10

A型 てんびん座の 適職

スタイリストなど、美的センス、社交センスが生かせるもの

A型×さそり座（10/24～11/22生まれ）

・**約束は絶対に守る**

・自分から人に話しかけることはあまりない

・仲のいいグループ内ではよくしゃべる

・**大きな夢を持っている友達がいる**

↓

そんな友達を尊敬している

↓

でも、友達のようには生きられない

・好きになっても、遠くから見ているだけ

↓

相手が好意を示してくれるまでは、接近しない

・年上の人間と縁がある

・人から認められたい
↓
でも、それをアピールするのはイヤ

・任された仕事がどんなに大変でも、最後までやり抜く

・金銭トラブルで友達を失ったことがある

・グループの中ではいつも聞き役
↓
話を聞きながら、その人を観察している

・友達が真っ二つに分かれて争ったとき、
どちらの味方もしなかった

・世間の流行には乗らない

・お金はあるに越したことはないと思う
↓
でも、なければないで、何とかなる

・記念日には、二人きりで
パーティーをしたい

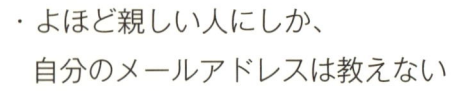

・よほど親しい人にしか、
自分のメールアドレスは教えない
↓
もちろん、電話番号も教えない

・出世は遅いほうだ

・信頼関係が結ばれてない友情は、
ニセモノだと思う

・一目惚れで激しい恋に落ちたことがある
↓
でも、自分からはアプローチしなかった

・周りが盛り上がっていても、
なかなか話の輪に加われない

・タレントのオーディションを
受けたことがある
↓
最終選考まで行った
↓
でも、ライバルに足を引っ張られて落選した

・じつは注目されたい

・社会的地位の高い人に、
目をかけられている

・短気な人は、理解できない

・相手がどんな人かわかるまでは、本音を出さない

・外見をやたら気にする人とはウマが合わない

・人目を気にする人とも付き合えない

・筆記試験で合格して、面接で落ちた

・一度愛したら、一筋に愛し抜く

・留学するために、半年間でお金を貯めた

↓

毎日、売れ残りの弁当だった

↓

でも、気にならなかった

・「何を考えているのかわからない」とよく言われる

・友達から無意味なメールがよく届く

↓

ウザイと思ったことはない

・お茶をするなら、人気のカフェより
老舗の喫茶店がいい

・友達から誘われたら、断らない

・遠慮がちな人とは親しくなれない

・恋人から「まじめすぎて息が詰まる」と
言われたことがある

・パーティーに行くと、居場所がない

・友達が悩んでいたら、
一緒に悩みを分かち合う

↓

もちろん、助ける

さそり座

・恋人が冷たいと、仕事に没頭する

・マラソンで、最下位になったことがある

↓

でも、気にしない

・俳優や女優の記者会見は、信用できない

・本心を隠して生きている人間は、
もったいないと思う

· **人をだましたことはない**

· 異性の友達は少ない

· 毎日、同じことが繰り返されるとホッとする

· 職場で、ひと言も話さないで
1日が終わることが多い

· 夢中になれる趣味がない

· 好きな相手がよく変わる友達と、絶交したことがある

· **欲しいものが見つかると、**
どんなことをしても貯めて買う

↓

逆に、欲しいものがないと、貯金する気になれない

· 財テクの勉強には興味がある

· 修学旅行先で、自分だけ
地元の言葉がうつらなかった

・**二人の想い出はすべて覚えている**

↓

相手が忘れていると、ガッカリする

↓

というよりも、むしろムカつく

・合格ラインを超えている
異性以外とは付き合わない

↓

そんな異性にはなかなか巡り会わない

↓

でも、何年でも待つ

・早く結婚したい（した）

・お風呂上がりに飲むのは、
牛乳だと決めている

↓

この習慣は、
子供の頃から続けている

・**恋人には、いつも**
愛を表現して欲しい

・海外旅行に行ったとき、
まず最初に和食レストランを探す

・**嫌いな相手でも、価値観が同じだと**
わかったとたん、興味がわく
↓
突然、親友になったりする

A型×さそり座の攻略法 **3か条**

・マメに誘う
・落ち着いたムードを作る
・遠慮しない

A型
さそり座の
有名人

宇津井健
俳優　1931.10.24

井森美幸
タレント　1968.10.26

小笠原道大
（読売ジャイアンツ）
プロ野球選手　1973.10.25

にしおかすみこ
お笑い芸人　1974.11.18

SEAMO
歌手　1975.10.31

坂口憲二
俳優　1975.11.8

仲間由紀恵
女優　1979.10.30

片瀬那奈
女優　1981.11.7

塚本高史
俳優　1982.10.27

東原亜希
モデル・タレント　1982.11.11

木村カエラ
歌手　1984.10.24

田中将大
（楽天ゴールデンイーグルス）
プロ野球選手　1988.11.1

A型
さそり座の
適職

技術開発職など、忍耐力と
責任感が必要とされるもの

A型×いて座（11/23～12/21生まれ）

・**友達や知人を家に招くのが好き**

↓

泊めることも多い

・会社では社交的に振る舞っている

・友達が困っていたら、とても他人事とは思えない

・**過去の失敗にはこだわらない**

・恋をするときは、周囲の目や状況が気になる

↓

イヤな顔をされても、別れない

・人気タレントの話をされても、
さっぱりわからない

- **「何とかなるさ」が口癖**

  ↓

  でも、それを口にすると、驚く人が多い

- **いつまでも思い悩むのは性に合わない**

- お金を貸したことをよく忘れる

- お金を借りたことも忘れる

- **「知りたい！」と思ったら、**
  とことん調べる

- 泥沼の恋愛は経験したことがない

- 初対面の人に対しては、まず観察から始める

  ↓

  相手の大体の性格がわかったら、初めて近づいてみる

- スーパーの駐車場でボーッとしていて、
  周りから変な目で見られたことがある

・昔は引っ込み思案だった

・風邪を引くと、真っ先に鼻と喉をやられる

・パッと見た瞬間、恋に落ちることがある

↓

しかも、瞬間的に燃え上がる

↓

でも、絶対に告白しない

↓

それどころか、ほとんどしゃべれない

・徹夜が続くと、ある日突然に倒れる

・人の噂になるようなことはしない

・スケジュールがびっしり詰まっていると、
逃げ出したくなる

↓

特に、拘束時間が長いとお手上げ

・**人の話を最後まで聞かない**

↓

それでよく失敗する

・後輩に八つ当たりしている恋人を見て、
別れたことがある

・**「前置きが長くなるんだけど…」と
言われたとたん、聞く気がなくなる**

・恋人から「よそ見を絶対しないで」と
言われるのはイヤ

↓

でも、恋人がよそ見するのは許せない

トランプではポーカーが一番好き

・**中途半端な仕事はしない**

・お金がなければ、
ないなりに楽しんでしまう

・同時に複数の恋人と付き合っていた

↓

でも、バレなかった

・人に自慢できる技術を持っている

・自分の役職は気にしない

・派閥に入るよう勧められても断る

↓

それで損することがあっても構わない

・気弱そうなタイプから、よく話しかけられる

・**高価なプレゼントをもらって**
すぐに別れたことがある

・型破りな人が好き

↓

でも、しっかりした人生観を
持ってないとイヤ

・**まさかと思うような異性の友達が、**
いつの間にか恋人になったことがある

・突然海外旅行に行きたくなったことがある

↓

いつもの３倍働いた

↓

旅行資金のためすべて貯金した

・なぜかモテる

・結婚相手には、伴侶として以外にも、兄弟のような、
友達のような、といろいろな存在でいて欲しい

・自分から話しかけるほうではない

↓

でも、話を振られるとよくしゃべる

↓

ギャグも飛ばす

· **不器用でも本音で生きている人は尊敬する**

· ゲームするときのおやつはサンドイッチ

· ヨーロッパ製の服に弱い

· **好きなだけ話していいなら、**
1日中でも話す

· 残業して仕事を仕上げる人は、理解できない

· テストでは解答欄を全部埋めた

↓

でも、解答欄が一つずつずれていた

· カニが食べたくなって、
次の日に北海道に行ったことがある

· **恋人とのベッドインは、**
焦らなかった

・泣ける映画を観て、
表情を変えなかった友達に幻滅した

・絵に描いたようなセレブの生活に憧れたことはない

・サイドビジネスを始めたいと思っている

・**別れた恋人から、悪く言われたことはない**

・不倫したことがある
↓
結構続いた
↓
別れるときも、もめなかった

・近いうちに乗馬をやってみたい

・流行のファッションに身を包んで
デートに来た恋人を、追い返したことがある

・**収入は多いほうだ**

↓

でも、出て行くお金も多い

↓

ちなみに、家計簿はつけていない

・**大きな目標を持っている**

↓

それを他人にとやかく言われたくない

A型×いて座の攻略法 **3か条**

・ミーハーな話題は厳禁
・束縛しない
・ぐずぐずしない

A型 いて座の有名人

神田正輝
俳優　1950.12.21

岡田彰布（阪神タイガース）
プロ野球監督　1957.11.25

佐藤浩市
俳優　1960.12.10

林家正蔵
落語家　1962.12.1

織田裕二
俳優　1967.12.13

林家いっ平
落語家　1970.12.11

松嶋尚美（オセロ）
お笑いタレント　1971.12.2

高岡早紀
女優　1972.12.3

浅野忠信
俳優　1973.11.27

観月ありさ
女優　1976.12.5

瀬戸朝香
女優　1976.12.12

大野智（嵐）
歌手　1980.11.26

A型 いて座の適職

企業の研究職など、知識欲を満たし、几帳面さが求められるもの

A型×やぎ座（12/22～1/19生まれ）

・**遊びに行く約束をしたら、熱があっても行く**

・**目標は何年かかっても絶対にやり遂げる**

・**恋する相手は、みんな年上**

↓

しかも、かなり年が
離れている場合が多い

・**年が近い場合は、老けている**

・親しくない相手には、敬語で話す

・上司をニックネームで呼んだ同僚を叱ったことがある

・**「こうしたほうがいいよ」と言われても、自分流のやり方を通す**

・1円でも安いものを買う

↓

でも、同じものを買ってしまうこともある

・話のテンポがいい人に憧れる

・友達からよく秘密を打ち明けられる

↓

もちろん、口外したことはない

・預金はかなりある

・新人の中で、上司に名前を覚えてもらうのが
一番遅かった

・初恋の相手は、ノリのいい、面白い人だった

↓

**でも、しばらくすると、性格が
合わなくて振ってしまった**

・デートでの会話が少ない

・じつは社内に
自分のファンがいるらしい

・「これは君にしかできない仕事だ」と
上司に頼まれたことがある

↓

もちろん、やり遂げた

↓

でも、昇給には結びつかなかった

・「うちの子と結婚してくれない？」と
近所のおばさんによく言われる

・９時５時の生活は、安定していていいと思う

・夫は外で働き、妻は家庭を守るのが
正しい夫婦のあり方だと思う

・同窓会に出席したとき、「老けたね」と言われた

・恋人にはとことん尽くす

・浮気をしたことがない

↓

デート中、よそ見もしない

↓

それなのに、「息が詰まる」と振られたことがある

・おしゃべりな人とはソリが合わない

・自己紹介をするのは苦手

・井戸端会議は時間の無駄だ

・同僚がトイレで上司のことを「あのクソオヤジ」と言っていたのでたしなめた

↓

翌日から、かなり気まずくなった

・結婚したら、パートナーに支えて欲しい
（支えられている）

・「あっ、いたの？」と言われることがある

・会話は用件のみのことが多い

・メールは許せるけど、電話は迷惑だ

・無能な上司が直属だったことがある

↓

でも、自分は大活躍した

・茶柱が立つと、本気でうれしくなる

・残業で部屋に二人きりになると、
相手が居心地悪そうにしている

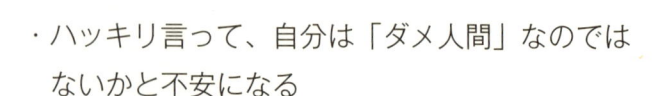

・ハッキリ言って、自分は「ダメ人間」なのではないかと不安になる

↓

そのため、ほめられても信じない

・**無礼講と言われても、**
ハメを外せない

・どん底状態にあえいでいても、
誰も手を差し延べてくれなかった

・恋をしていても、浮かれることはない

・モテる異性と付き合ったことがある

↓

でも、振られた

・異性の友達はあまりいない

↓

恋人もなかなかできない

・アミューズメント施設にはあまり行かない

・クラブにも行かない

↓

でも、よく誘われる

・結婚は遅いと思う（遅かった）

・**広告の特売品に弱い**

↓

「目玉商品」と書いてあると、つい買ってしまう

・デートに５分遅刻した恋人を、
その場で振ったことがある

・缶ジュースをおごってくれた友達に感動し、
何でもやってあげる約束をした

・面と向かってけなされたとき、
立ち直れないくらい落ち込んだ

↓

会社も休んだ

↓

携帯の電源も切ってしまった

・入院先にパソコンを持ち込んで仕事したことがある

・恋愛に、シャレた言葉は不要

・合コンにはめったに誘われない

↓

でも、誘われたら必ず行く

・転職したことがない

・デート中、恋人に「なんだか家族といるみたい」と
言われたことがある

・ライバルがいると、燃える

↓

仕事で張り合って、
成績が急上昇したこともある

・資産を増やそうと思い立ったことがある

・投資ファンドをやってみた

↓

失敗した

・別れた恋人が、よく連絡してくる

・休日は、本を読んでいる

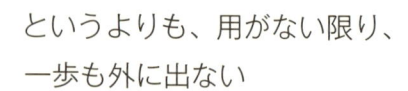

↓

というよりも、用がない限り、
一歩も外に出ない

・**これまでの人生、苦労が多かった**

↓

でも、一つずつ克服した

↓

その後はラッキーなことがあった

・**ずっとプラトニックラブでもいい**

A型×やぎ座の攻略法 **3か条**

・内容のある会話をする
・約束や時間は厳守
・おごってあげる

A型やぎ座の有名人

ルー大柴
お笑いタレント　1954.1.14

平井堅
歌手　1972.1.17

小泉純一郎（衆議院議員）
政治家　1942.1.8

庄司智春（品川庄司）
お笑い芸人　1976.1.1

おすぎ
映画評論家　1945.1.18

中谷美紀
女優　1976.1.12

ピーコ
服飾評論家・タレント
1945.1.18

押切もえ
モデル　1979.12.29

玉木宏
俳優　1980.1.14

石田純一
俳優　1954.1.14

上原多香子
歌手　1983.1.14

宇多田ヒカル
歌手　1983.1.19

A型やぎ座の適職

伝統職人など、自分のペースでコツコツやれるもの

A型×みずがめ座（1/20～2/18生まれ）

・「もっとおとなしい人かと思った」とよく言われる

・恋人がいても、他の異性に優しくする

↓

でも、浮気はしない

・人に親切にするのは気持ちいい

・恋人がヤキモチを焼いたのを見て、
引いてしまった

・旅行にお金をつぎ込む

↓

友達付き合いにも惜しみなく使う

・「ちなみに、その理由は？」が口癖だ

・人に「こうしたほうがいいよ」とは絶対に言わない

↓

でも、よく批判する

・**努力すれば、何でもできると思っている**

・状況によっては、嘘をついてもいいと思う

・**頭の回転の速い異性が好き**

↓

察しのいいタイプならなおいい

↓

そんな異性と、友達みたいな
連帯感で結ばれた関係になりたい

・結婚しても、夫婦共に働くのがいいと思う

・夫と妻の立場が逆転しても構わない

・趣味の金に、糸目はつけない

・貧しくても心の清い人に惹かれる

↓

じつはそんな人が身近にいる

↓

その人を見ていると、自分まで心が洗われる

・甘い言葉なんて、口にしたことがない

・「ああなったらどうしよう」と
不安になることが多い

↓

でも、すぐに忘れてしまう

・どんなに好きになっても、結構冷静

・恋におぼれた経験は皆無

・自宅にこもっているときは、
パジャマ姿のまま

・時々、パジャマの上にコートを着て、
　コンビニに行ったりする

↓

髪もボサボサ

・ひそかに、一人のときは
　顔を洗わない

↓

歯も磨かない

・何気ないひと言にも、
鋭いツッコミを入れてしまう

・お金の存在しない場所に行っても、
　平気で暮らせると思う

・欲しいものがいっぱいある人とは
　ソリが合わない

・誰とでも調子を合わせられる人は、信用できない

・そういえば、欲しいものがあまりない

・たとえ深い仲の恋人でも、
普段は放っておいて欲しい

・恋人から縛られるのはイヤ

・自分も恋人を縛らない

・ハゲの上司が風邪を引いたとき、
「帽子を被らないからですよ」と言った

↓

周りはあぜんとした

・精神的満足感が残るなら、お金が残らなくてもいい

・普段は無口なほう

・ハッキリ言って、財産は皆無だ

↓

それどころか、日々の生活に事欠くこともある

↓

でも、気にしない

・猿山を見ていて、企画を思いついたことがある

・水族館に行ったとき、仕事のアイデアを
思いついたことがある

・泣きつかれても、仕事は手伝わない

↓

でも、抜け駆けもしない

・**ハッキリ言って、自分は仕事ができると思う**

・じっくり物事を完成させるのは苦手

・アンケートで、「結婚したくない人
ナンバーワン」に選ばれたことがある

・**周囲を驚かせるのが好き**

↓

たぶん、やめられない

・**自分は頭がいい、と思っている**

・複数の異性と深い関係になったことがある

↓

しかもそのとき、本命の恋人がいた

↓

でも、罪悪感はなかった

・バーゲン会場には行かない

・**友達とはいつも冗談ばかり言い合っている**

・**二つのことを同時にこなせる**

・**割と好き勝手なことをする**

↓

でも、人と合わせることも忘れない

・どちらかというと、恋する過程を冷静に楽しみたい

・「異端」という言葉に、妙に惹かれる

・恋人との間にあったことを、
　他人に平気で話す

・**恋をしたら、相手を一筋に愛する**

↓

でも、二人きりになるのは苦手

・「それってどういうこと？」と追求されるとキレる

・マスコミ関係でバイトしたことがある

↓

そのまま就職した

・知りたがりの恋人と、別れたことがある

・昔、ヤンキーに「ムカつくんだよ」と、
　よくからまれた

↓

でも、気にしない

・**「考え方が独特だね」とよく言われる**

・仕事のペースは周囲に合わせる

・ランチも人に付き合う

↓

でも、馴れ合ったりはしない

・**楽しい旅の想い出がたくさんある**

・これまでの人生、お金には恵まれなかった

↓

でも、友達には恵まれたから気にしない

A型×みずがめ座の攻略法 3か条

・一人の時間を大切にしてあげる
・しつこくしない
・ヤキモチは厳禁

A型 みずがめ座の 有名人

新庄剛志
元プロ野球選手・タレント
1972.1.28

濱口優（よゐこ）
お笑い芸人　1972.1.29

山本モナ
タレント　1976.2.11

香取慎吾（SMAP）
歌手　1977.1.31

劇団ひとり
お笑い芸人　1977.2.2

宮本恒靖
（レッドブル・ザルツブルク）
サッカー選手　1977.2.7

乙葉
女優　1981.1.28

櫻井翔（嵐）
歌手　1982.1.25

鈴木亜美
歌手　1982.2.9

矢口真里
タレント　1983.1.20

市原隼人
俳優　1987.2.6

榮倉奈々
女優　1988.2.12

A型 みずがめ座の 適職

マスコミ関係など、ユニークな発想と知的能力が必要なもの

A型×うお座 (2/19～3/20生まれ)

・人にものを頼まれたら、イヤと言えない

↓

友達の誘いは絶対に断らない

・よく友達にからかわれる

・**グループでいるとき、**
全員楽しんでいるかどうか気になる

・話しかけられるまでは話さない

・好きな人のことは、最後まで信じていたい

・三角関係は嫌い

↓

そうなったら、自分から身を引く

・いつか自分だけを愛してくれる、
理想の恋人が現れると信じている

・恋におぼれて、周りが見えなくなったことがある

・自分から好きな人を誘えない

↓

そのため、恋愛経験は少ない

・これまでの人生、
平凡ながら幸せだった

・人に自慢できる技術がある

・出世のチャンスをライバルに譲ったことがある

・上司にかわいがられている

↓

そのため、近々出世できそう

・一人で作業するほうがはかどる

・美的センスが必要な仕事に就いている

・**好きな人に貢いだことがある**

↓

全財産使い切った

↓

でも、後悔してない

・趣味がサイドビジネスになっている

↓

結構儲かる

・**好きな人のためなら、**
どんなことでもやってあげたい

・雲間から光が差していると、
天使が見えるんじゃないかと思う

・**友達を立てるのが得意**

・他人が苦労していたら、必ず手を貸す

・タレントのオーディションを
受けたことがある

↓

最終選考まで残った

↓

デビュー寸前まで行った

↓

でも、ライバルに譲ってしまった

・振り込め詐欺に引っかかりそうになったことがある

・人が良すぎるため、後になって、
「利用された」と気づくことが多い

↓

でも、気にしない

・じつはいくつも資格を持っている

・徹夜するのは苦手

・嫉妬するのは、愛が深い証拠だと思う

↓

だから、恋人に嫉妬されるとうれしくなる

↓

わざと嫉妬させようとした

↓

でも、できなかった

・親切にしてあげた人が喜んでいるのを見るのが好き

・愛で縛られたい

・好きな人と、二人だけの世界を作りたい

↓

邪魔者は許さない

・恋人の行動はすべて把握していたい

・結婚したら、家庭を第一にするべきだと思う

・感激屋の友達がいる

↓

趣味の多い友達もいる

↓

そういった友達とはテンポが合う

・年上の男性にひいきされている

・白黒ハッキリつけたがる人とはソリが合わない

・押しの強い人は苦手

・営業部にいたことがある

↓

成績は最低だった

・討論するのは苦手

・友達と同じ人を好きになったことがある

↓

・身を引いた

・何気ないひと言でショックを受け、
1日中泣いたことがある

・恋人には甘えたい

↓

・甘えられるのもうれしい

・美しい夕日を見て、涙を流したことがある

・**人にリードされるのが好き**

・捨てられた動物を見ると、放っておけない

↓

里親になったこともある

・**ボランティアによく募金する**

・初対面の人と二人きりだと、
ずっと黙ったまま

・恋人と腕を組んだり、手をつなぐのが好き

↓

映画を観るときも、手をつないでいたい

・**リアクションがないと悲しくなる**

・将来、看護師や、社会福祉士になりたいと
思っていた（なっている）

・**コツコツ貯金に励んだことがある**

↓

1万円貯まった

↓

こんなに貯めたのは初めて

↓

でも、すぐ使った

・友達が聴いている音楽を
好きになることが多い

↓

好きな小説も影響を受ける

・ピンチに陥ったとき、持ちネタのギャグで
助かったことがある

・自己顕示欲の強い人は苦手

・「自分さえ耐えれば何とかなる」というシチュエーションが好き

・悲しい映画に惹かれる

↓

つい、自分と重ね合わせてしまう

A型×うお座の攻略法 **3か条**

・二人きりで過ごす
・喜びはハッキリ表現する
・主導権を握る

A型うお座の有名人

志村けん
お笑いタレント　1950.2.20

桑田佳祐（サザンオールスターズ）
歌手　1956.2.26

竹中直人
俳優　1956.3.20

豊川悦司
俳優　1962.3.18

今田耕司
お笑いタレント　1966.3.13

飯島直子
女優　1968.2.29

陣内智則
お笑い芸人 1974.2.22

森田剛（V6）
歌手　1979.2.20

山田まりや
タレント　1980.3.5

中島美嘉
歌手　1983.2.19

近藤春菜（ハリセンボン）
お笑い芸人　1983.2.23

香里奈
女優　1984.2.21

A型うお座の適職

芸術家など、一人のペースででき、才能を生かせるもの

星座別 A型人間 相性診断表

ここでは、
A型人間の相性を
血液型×星座別で紹介します。

◎…とてもよい	△…まあまあ
○…よい	×…イマイチ

A型×おひつじ座 (3/21～4/19)

星座	A	O	B	AB
おひつじ座	○	◎	△	◎
おうし座	△	△	×	△
ふたご座	◎	◎	△	◎
かに座	×	×	×	×
しし座	○	○	△	◎
おとめ座	×	△	×	×
てんびん座	◎	◎	△	◎
さそり座	×	△	△	△
いて座	◎	◎	△	◎
やぎ座	×	△	×	△
みずがめ座	△	◎	○	○
うお座	×	△	×	△

A型おひつじ座
相性ベスト3

1. おひつじ座O型
2. しし座AB型
3. ふたご座AB型

A型×おうし座 (4/20～5/20)

おひつじ座

A	O	B	AB
○	○	×	×

おうし座

A	O	B	AB
○	◎	◎	◎

ふたご座

A	O	B	AB
×	△	△	△

かに座

A	O	B	AB
◎	◎	△	○

しし座

A	O	B	AB
×	△	×	×

おとめ座

A	O	B	AB
○	○	△	◎

てんびん座

A	O	B	AB
×	△	×	△

さそり座

A	O	B	AB
◎	◎	△	◎

いて座

A	O	B	AB
×	△	×	△

やぎ座

A	O	B	AB
○	◎	△	◎

みずがめ座

A	O	B	AB
×	△	×	△

うお座

A	O	B	AB
○	◎	○	○

A型おうし座
相性ベスト3

1. かに座O型
2. さそり座O型
3. さそり座AB型

A型×ふたご座 (5/21～6/21)

	A	O	B	AB
おひつじ座	◎	◎	○	◎
おうし座	△	×	×	○
ふたご座	○	◎	×	◎
かに座	△	○	×	○
しし座	◎	◎	△	◎
おとめ座	×	○	×	△
てんびん座	○	◎	△	◎
さそり座	×	△	×	×
いて座	△	◎	△	○
やぎ座	△	△	△	△
みずがめ座	○	◎	○	○
うお座	×	△	×	△

A型ふたご座
相性ベスト3

1. てんびん座AB型
2. しし座O型
3. おひつじ座A型

A型×かに座 (6/22～7/22)

	A	O	B	AB
おひつじ座	△	△	×	△
おうし座	◎	◎	△	○
ふたご座	△	△	△	○
かに座	◎	○	△	◎
しし座	×	×	×	○
おとめ座	○	○	◎	◎
てんびん座	×	△	△	○
さそり座	○	○	○	◎
いて座	×	△	×	△
やぎ座	△	○	△	◎
みずがめ座	×	△	△	△
うお座	◎	◎	○	◎

A型かに座
相性ベスト3

1. おうし座O型
2. おとめ座B型
3. うお座A型

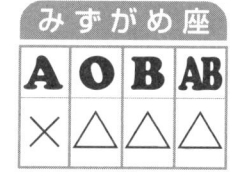

A型×しし座 (7/23〜8/22)

	A	O	B	AB
おひつじ座	○	○	△	◎
おうし座	△	×	×	△
ふたご座	◎	○	△	○
かに座	×	×	×	△
しし座	×	×	×	○
おとめ座	○	○	○	◎
てんびん座	◎	○	△	◎
さそり座	×	×	△	△
いて座	△	◎	○	◎
やぎ座	×	△	×	△
みずがめ座	×	△	△	△
うお座	△	◎	○	◎

A型しし座
相性ベスト3

1. いて座O型
2. おひつじ座AB型
3. てんびん座AB型

A型×おとめ座 (8/23～9/22)

おひつじ座

A	O	B	AB
△	△	×	×

おうし座

A	O	B	AB
◎	◎	△	◎

ふたご座

A	O	B	AB
×	△	×	×

かに座

A	O	B	AB
◎	△	○	◎

しし座

A	O	B	AB
△	○	×	◎

おとめ座

A	O	B	AB
△	○	○	◎

てんびん座

A	O	B	AB
×	△	△	◎

さそり座

A	O	B	AB
○	◎	△	◎

いて座

A	O	B	AB
×	△	×	△

やぎ座

A	O	B	AB
△	◎	△	◎

みずがめ座

A	O	B	AB
×	○	△	△

うお座

A	O	B	AB
○	◎	○	◎

A型おとめ座
相性ベスト3

1. てんびん座AB型
2. やぎ座O型
3. おうし座AB型

A型×てんびん座 (9/23～10/23)

星座	A	O	B	AB
おひつじ座	○	○	×	◎
おうし座	×	△	×	○
ふたご座	◎	○	○	○
かに座	×	△	×	○
しし座	◎	○	△	◎
おとめ座	○	○	△	△
てんびん座	△	◎	○	◎
さそり座	×	△	×	△
いて座	○	△	△	○
やぎ座	×	△	×	△
みずがめ座	△	◎	○	◎
うお座	△	△	△	△

A型てんびん座
相性ベスト3

1. ふたご座A型
2. みずがめ座AB型
3. しし座A型

A 型 × さそり座 (10/24～11/22)

おひつじ座

A	O	B	AB
×	○	△	△

おうし座

A	O	B	AB
○	◎	×	◎

ふたご座

A	O	B	AB
×	×	△	△

かに座

A	O	B	AB
◎	○	△	◎

しし座

A	O	B	AB
×	×	×	△

おとめ座

A	O	B	AB
◎	◎	○	○

てんびん座

A	O	B	AB
×	△	×	△

さそり座

A	O	B	AB
○	○	○	◎

いて座

A	O	B	AB
×	△	△	△

やぎ座

A	O	B	AB
△	○	◎	◎

みずがめ座

A	O	B	AB
×	△	×	△

うお座

A	O	B	AB
△	◎	○	◎

A型さそり座
相性ベスト3

1. おうし座O型
2. やぎ座B型
3. うお座 AB型

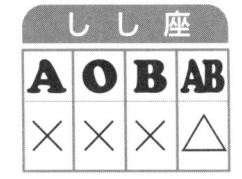

A型×いて座 (11/23～12/21)

	A	O	B	AB
おひつじ座	○	◎	△	◎
おうし座	×	×	×	×
ふたご座	○	○	×	○
かに座	×	×	×	○
しし座	◎	○	△	◎
おとめ座	×	△	×	×
てんびん座	◎	○	△	◎
さそり座	×	△	△	△
いて座	△	◎	△	○
やぎ座	×	△	×	△
みずがめ座	△	◎	○	◎
うお座	×	△	×	△

A型いて座
相性ベスト3

1. しし座A型
2. てんびん座AB型
3. みずがめ座AB型

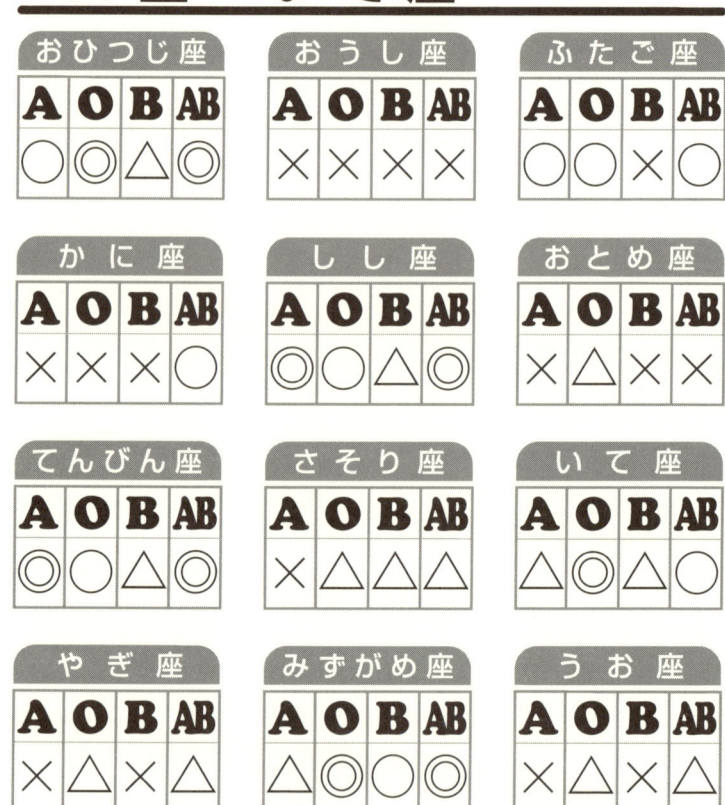

A型×やぎ座 (12/22～1/19)

	A	O	B	AB
おひつじ座	×	△	×	△
おうし座	◎	◎	△	◎
ふたご座	△	△	△	○
かに座	◎	○	△	◎
しし座	×	△	△	×
おとめ座	◎	◎	○	○
てんびん座	×	△	×	△
さそり座	◎	◎	△	○
いて座	×	△	×	○
やぎ座	×	○	△	◎
みずがめ座	×	△	△	△
うお座	○	◎	○	◎

A型やぎ座
相性ベスト3

1. おうし座A型
2. やぎ座AB型
3. さそり座O型

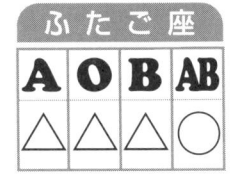

A型×みずがめ座 (1/20～2/18)

おひつじ座

A	O	B	AB
◎	◎	○	○

おうし座

A	O	B	AB
×	×	×	△

ふたご座

A	O	B	AB
◎	○	△	◎

かに座

A	O	B	AB
△	○	×	○

しし座

A	O	B	AB
△	○	×	◎

おとめ座

A	O	B	AB
×	○	△	△

てんびん座

A	O	B	AB
○	◎	△	◎

さそり座

A	O	B	AB
△	△	×	△

いて座

A	O	B	AB
△	○	○	◎

やぎ座

A	O	B	AB
×	△	×	△

みずがめ座

A	O	B	AB
△	◎	○	○

うお座

A	O	B	AB
×	△	×	△

A型みずがめ座
相性ベスト3

1. おひつじ座O型
2. おひつじ座A型
3. てんびん座AB型

A 型 × うお座 (2/19～3/20)

	A	O	B	AB
おひつじ座	△	○	△	△
おうし座	◎	◎	◎	◎
ふたご座	×	○	×	△
かに座	◎	○	△	◎
しし座	△	△	○	○
おとめ座	◎	◎	△	◎
てんびん座	△	○	×	△
さそり座	○	◎	△	△
いて座	×	△	×	△
やぎ座	△	◎	◎	○
みずがめ座	×	△	×	△
うお座	△	◎	○	◎

A型うお座
相性ベスト3

1. おうし座O型
2. おうし座 B型
3. おとめ座 AB型

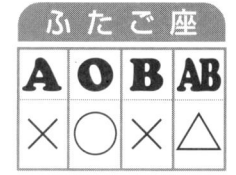

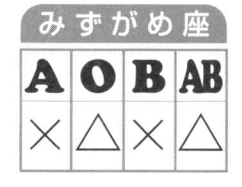

おわりに

どうでした？　「私ってこんな性格だったっけ？」「こんな風に思われてるんだ…」なんてヘコんでいませんか？

悪い性格が当てはまってるからってあまり深刻に考えないで。この本に書いていることは、あなたの性格の一部だって思ってください。

なかには「こんないい面もあるんだ」っていうような、新しい発見もありませんでしたか？　そう思えば、自分の頭の中を知るのもちょっとは楽しめたのではないでしょうか？

この本がＡ型人間のあなたと、あなたの周りにいるＡ型人間をより深く知るツールとなりますように…。

三田モニカ（みた　もにか）

フォーチュン・カウンセラー

8月1日生まれ、A型、しし座。ティーン向け占い雑誌の編集プロダクションを経て、占いの研究の道へ。西洋占星術、血液型、タロット、紫微斗数、四柱推命等のロジックを応用した開運法を提唱、現在に至る。

本文に掲載されているデータは2008年4月現在のものです。

A型人間の頭の中

発行日　2008年6月　1日　第1刷発行
　　　　2008年7月17日　第6刷発行

著　者　三田モニカ
装　丁
イラスト　加藤茂樹
編　集　久世和彦　真鍋伸二郎　伴藤舞子
編集人
発行人　阿蘇品 蔵
発行所　株式会社青志社
〒107-0052　東京都港区赤坂6-2-14
レオ赤坂ビル4F
TEL　03-5574-8511（編集部／営業部）
FAX　03-5574-8512

校　閲　ケイズオフィス
印刷・製本　株式会社光邦

ISBN978-4-903853-31-4 C0095